AF139977

Bibliografische Information der Deutschen Nationalbibliothek: Die Deutsche Nationalbibliothek verzeichnet diese Publikation in der Deutschen Nationalbibliografie; detaillierte bibliografische Daten sind im Internet über dnb.d-nb.de abrufbar.

TWENTYSIX – Der Self-Publishing-Verlag
Eine Kooperation zwischen der Verlagsgruppe Random House und BoD – Books on Demand

© 2018 Buck, Rolf

Herstellung und Verlag:
BoD – Books on Demand, Norderstedt

ISBN: 978-3-7407-4431-1

Motivation

Motivation bezeichnet die Gesamtheit aller Motive, die zur Handlungsbereitschaft führen, das heißt das auf emotionaler und neuronaler Aktivität beruhende Streben des Menschen nach Zielen oder wünschenswerten Zielobjekten.
Wikipedia

Motivation

Wenn du heute aufhören möchtest,

denke an den Grund

warum

du es damals angefangen hast.

Rolf Buck

Motivation

In dieser leistungsbezogenen Zeit

bedarf es an Energie,

Willenskraft,

Ehrgeiz

und

Ausdauer.

Du brauchst täglich eine

große Portion

Motivation

von

Rolf Buck

Motivation

oder

wie bekomme ich wieder "Bock" auf mein Leben,

auf meinen Job

Wie sehe, fühle oder höre ich ob ein Mensch motiviert ist?

Motivation zeigt sich in vielen Silhouetten.

In deinen Augen spiegeln sich dein Befinden, deine Überzeugung und deine Einstellung.

Deine ganze Mimik und Gestik, ja auch in deiner ganzen Körperhaltung spiegelst du das, was du bist.

Nicht zu vergessen die Stimme. Diese und das hast du bestimmt schon mal gehört, macht über 30 % aus, ob man dir etwas glaubt oder nicht.

Mit deiner ganzen Körperhaltung signalisierst du deine Überzeugung, dein Wohlbefinden und auch deine Glaubwürdigkeit.

Mit einem Lächeln auf den Lippen signalisierst du, ich mache es gerne, ich bin offen und gut drauf.

Um gleich und auch intensiv in das Thema einzusteigen, möchte ich das viel verwendete Wort "Motivation" erstmals definieren, es erläutern, für dich deuten.

Das Wort Motivation wird sehr oft verallgemeinert.

Man kann nicht einfach sagen ich motiviere mich jetzt mal schnell oder ich bin nicht motiviert.

Man sollte sich Gedanken machen, sich intensiv in eigenen Recherchen der Ursache auf den Grund gehen.

Dies funktioniert oft am besten, wenn du mit Menschen zusammen bist, die etwas von Motivation verstehen und dich analysieren und verstehen können.

Denn nur so erkennst du die eigenen und eigentlichen Defizite und kannst diese Step um Step beheben.

Es ist wie immer im Leben, wenn du es von Anfang an richtig machst und nicht nur so drauf los arbeitest, dann wird es dich weiter bringen.

Es steht viel geschrieben und es gibt viele hundert gute Ratschläge. Doch was passt zu dir, was hilft dir?

Finde es selbst heraus.

Wenn Du dich selbst "unmotiviert fühlst" woran liegt es denn, warum hast du nicht die Kraft dich aufzuraffen?

Meine Erfahrungen resultieren aus den eigenen Erlebnissen, vor allem aus den vielen Unterrichtsstunden, die ich als Dozent mit Menschen aller Charakteren, Fertigkeiten und Fähigkeiten sowie der verschiedensten Berufsgruppen, erfahren durfte.

Bei der Zerpflückung der Demotivation, der Lustlosigkeit und dem fehlenden Durchhaltevermögen, warum das so ist, kam das Wort Motivation gar nicht mehr vor.

Wenn man an sich selbst arbeitet, sich selbst ehrlich hinterfragt und alles in Betracht zieht, ist es eine reine, sogenannten **"Ursachenlehre"**

Die Ursache über mein negatives Gefühl oder meine Einstellung.

Woher kommt die Unlust, was ist der Auslöser?

Im Prinzip ist es aber ganz einfach.

Meiner Meinung setzt sich das Wort Motivation aus vielen Begriffen zusammen.

Begriffe wie:	Einsichten + Vorstellungen
• Lust	> Fähigkeiten
• Ehrgeiz	> Fertigkeiten
• Energie	> Visionen
• Lebensfreude	> Illusionen
• Mut	> Träume
• Zielstrebigkeit	> Vorhaben
• Wille	
• Ausdauer	
• Durchhaltevermögen	
• Kraft	
• Bereitschaft	
• Selbstbewusstsein	
• Freude	

Und all diese Faktoren, diese Begriffe und auch Fähigkeiten, bilden **deine Motivation**.

Ich möchte dir helfen, dich mit **dem richtigen Ansatz** auf den **richtigen Weg** der Lösung zu begeben.

Was willst du erreichen? Wie möchtest du deine Vorhaben realisieren, dein Leben und deine Gefühle positiv in den Griff bekommen?

Kreuze auf der umseitigen Auflistung an, wo es bei dir fehlt, welcher der aufgelisteten Punkte betrifft dich.

Um erfolgreich zu werden, um wieder die sogenannte positive Ausstrahlung zu erlangen, um einfach wieder lachen zu können und zielorientiert vorzugehen, bedarf es erst einmal, den Mut ehrlich zu sich selbst zu sein.

Hier noch ein kurze Anmerkung zu den Zielen oder der Zielorientierung. Um ein Ziel zu erreichen, solltest du erst den Weg zu dir finden.

Dich wirklich orten, dich nach der Richtung umschauen in die du gehen möchtest.

Denn nicht immer ist der Weg das Ziel, sondern dein Wille, deine Überzeugung und dein Interesse.

Also norde dich ein, finde dein "Bock" auf dein Vorhaben.

Und vor allem: Scheue dich nicht fremde Hilfe anzunehmen, denn alleine ist es manchmal sehr schwer.

Welcher Faktor fehlt:	Ja 😊	wenig 😐	fehlt 🙁
• Lust auf das, was ich tun soll			
• Durchhaltevermögen			
• Interesse			
• Mut			
• Ehrgeiz			
• Wissen			
• Lustlosigkeit			
• Keinen Bock darauf			
•			
•			
•			
•			
•			
•			
•			
•			
•			
•			
•			

Liegt es an deinem fehlenden Ehrgeiz,

an deinem Durchhaltevermögen,

oder fehlt die Kraft?

Egal welcher Faktor nun mehr oder weniger fehlt. Schreibe dir diese/n auf und ordne diese nach einer Priorität ein.

<u>Nun weißt du zumindest mal woran es liegt.</u>

Und nun überlege:

Ist das was ich vorhabe denn auch das Richtige für mich?

• Betrifft die Ursache meine ganze Person oder nur

   meinen Job ?

• Betrifft es meine Beziehung zu anderen Menschen?

• Oder betrifft es nur mein fehlendes Interesse, die Notwendigkeit anzuerkennen, was mich eventuell weiter bringt?

> "Derjenige, der nicht mutig genug ist Risiken einzugehen, wird niemals etwas im Leben erreichen."
>
> *Muhammad Ali*

➢ Habe / tue ich überhaupt das, worin meine Fähigkeiten* und Fertigkeiten* liegen?
(* auf der nächsten Seite beschrieben)

➢ Entspricht mein Tun mit meinen Wünschen und Zielen überein?

➢ Ist es das, was ich wirklich will?

➢ Macht mir das Spaß, was ich tue?

➢ Sehe ich einen Sinn bei diesem Unternehmen, bei dieser Tätigkeit?

➢ Kann ich das wirklich oder möchte ich es nur so einfach mal probieren?

Entscheide nicht nur mit dem Kopf, er sollte nur ca. 30% deiner Entscheidung ausmachen. Entscheide mit dem Herz, mit deinem guten Gefühl.

Nur wer sein Gestern und Heute akzeptiert,
kann sein Morgen frei gestalten.
Nur wer los lässt, hat freie Hände die Zukunft zu ergreifen.

Autor: unbekannt

* **Fähigkeiten**: jeder Mensch hat eine Fähigkeit oder auch eine Intelligenz genannt.

Finde zuerst deine heraus. Hast du:

- Eine mathematische Intelligenz/Fähigkeit?

- Eine handwerkliche Intelligenz/Fähigkeit?

- Eine sprachliche Intelligenz/Fähigkeit?

- Eine motivierende und überzeugende Intelligenz/Fähigkeit?

- Eine räumliche Intelligenz/Fähigkeit?

- Eine musikalische Intelligenz/Fähigkeit?

* **Fertigkeiten**: welche hast du:

- Detailgenau zu arbeiten?

- Künstlerische Ambitionen?

- Ein besonderes Geschick für etwas?

- Eine sogenannte Fingerfertigkeit?

Die Frage lautet doch nun, welche Fähigkeiten und Fertigkeiten habe ich, was macht mir überhaupt Spaß, was würde ich denn gerne tun?

Wenn du dich mit dem was dir Spaß macht, was dich interessiert, was dich erfüllt, abgibst, wirst du mehr Erfolg haben.

....

Hier eine kleine Geschichte dazu:

Ein Mann, ich nenne ihn hier einfach Willi, er war so um die dreißig, kam zu mir vor circa drei Jahren ins Coaching und berichtete mir, dass er sich bemühen wolle in seinem Job als Kaufmann, besser zu werden.

Deswegen sei er hier und er wolle eine bessere Kommunikation erlernen, um erfolgreicher verkaufen zu können und um seine Motivation zu steigern und um erfolgreich zu werden.

Als wir uns dann so unterhielten, gesteht er mir in unserem Gespräch, er wäre lieber Automechaniker geworden. Seine ganze Freizeit widme er den Motoren seine Welt, drehe sich nur ums Auto. Er erzählte mir von Einspritzdüsen und Getrieben. (Na ja, ich weiß gerade mal wo man das Wischwasser auffüllt).

Als er mir so erzählte, sah ich wie seine Augen leuchteten, wie seine Körperhaltung sich veränderte und wie sein Lächeln und seine Freude sich auftürmte, wie seine Lustlosigkeit aus dem Gesicht verschwand und er voller Energie war.

Die Freude in ihm, seine ganze Ausstrahlung waren schlicht weg „motivierend".

Warum, um Gottes Willen, bist du dann nicht Automechaniker geworden? fragte ich ihn.

Er antwortete völlig abgesackt, weil mein Vater es damals so wollte. Ich hatte damals nicht den Mut zu wiedersprechen, antwortete er.

Wir nahmen meine „Plus-Minus-Liste" zur Hand und fingen an auszufüllen, Punkt für Punkt, Spalte für Spalte.

Es gab keinen einzigen Punkt in seinem Beruf, in seiner jetzigen Tätigkeit, die ihm Spaß oder Freude machte.

Und warum wagst du nicht was, nimmst deinen ganzen Mut zusammen und lernst um auf Kfz? fragte ich ihn.

Ja, aber, in meinem Alter, antwortete er, ich bin doch schon über dreißig, wer stellt mich da denn noch ein?

Ich fragte ihn, wie lange er noch arbeiten müsse, bis zur Rente.

Naja, stammelte er, so circa dreiunddreißig Jahre noch.

Und ich fragte ihn, willst du noch dreiunddreißig Jahre lang als Kaufmann mit dieser Unlust weiter arbeiten? Glaubst du, dass du die Begeisterung jemals in diesem Beruf finden wirst?

Was soll ich tun? Ich hab's doch gelernt, sagte er.

Wir zeichneten auf:

| 33 Jahre -- Rente• 67 Jahren = **34 Jahre** als Kaufmann **ohne Freude** |

| Ausbildung als Kfz-Mechatroniker mit Lehrzeitverkürzung 2 Jahre |

| 33 Jahre -- Rente •67 Jahren = **32 Jahre** als Mechatroniker **mit Freude** |

Wir waren uns schnell einig, dass er zwei Jahre seines Lebens opfern und noch eine Mechatroniker-Ausbildung absolvieren wird.

Somit kannst du dann noch zweiunddreißig Jahre lang in deinem Traumjob arbeiten, erklärte ich ihm.

Wir recherchierten sofort im Internet und informierten uns.

In diesem Coaching wurde zwar nichts Kommunikatives gelernt, aber eine Motivation zum neuen Anfang erarbeitet.

Im Übrigen:

Willi hat seine Gesellenprüfung in der Zwischenzeit mit Bravour bestanden und der Chef hat ihm das Angebot gemacht, in diesem Betrieb seinen Meister machen zu können.

Wenn ich keine Leistung im Job bringe, mich nicht für diesen motivieren kann, so kann es durchaus sein, dass es daran liegt, dass du den falschen Job hast oder auch den falschen Blickwinkel für das drum herum.

In einem anderen Fall kam ein junger Mann, der gerade sein drittes Ausbildungsjahr begonnen hatte zu mir und wollte einen Bewerbungskurs buchen.

Im Gespräch erzählte er mir, dass ihm dieser Job kein Spaß mehr mache und er sich neu orientieren möchte, er wolle umlernen.

Als ich meine Motivations-Defizit- Liste mit ihm zusammen ausfüllte, kam heraus, dass er den Job eigentlich sehr gerne mache, jedoch die einzige Ursache sein Vorgesetzter (der Abteilungsleiter) wäre, der ihn Tag täglich nerve und ihm das Leben zur Hölle mache.

Wir analysierten die Zwistigkeiten der beiden und konnten Fehler und Unstimmigkeiten auf beiden Seiten feststellen.

Es fehlte bei beiden die zwischenmenschliche Beziehung und vor allem eine fehlende Kommunikation.

Bevor er nun seinen Entschluss in die Tat umsetzte, konnte ich ihn von meinem Vorschlag überzeugen, einen letzten Versuch der Versöhnung zu unternehmen.

•

Wir sprachen Folgendes ab und übten dies bis ins letzte Detail:

Er geht am nächsten Morgen nach Arbeitsbeginn zu dem Abteilungsleiter und bittet um ein vier Augen Gespräch.

In diesem Gespräch geht er auf diesen zu und reichte ihm die Hand mit den Worten: Ich möchte mich heute für mein Benehmen bei Ihnen entschuldigen und gleichzeitig mein Dank zum Ausdruck bringen, da er ja weiß, dass er nur das

Beste für ihn wolle, dass er mir ja nur etwas lehren wolle, was für mich und meine Zukunft so wichtig ist.

•

Gesagt - getan. Am nächsten Morgen nahm der Azubi seinen gesamten Mut zusammen und ging zum Abteilungsleiter.

Der Abteilungsleiter war völlig überrumpelt und reagierte genauso wie ich es vorausgesehen hatte.

Er hob seine Verantwortung dem Auszubildenden gegenüber hervor und dass er doch nur das Beste für ihn wolle.

Auch bedankte sich der Abteilungsleiter für das Gespräch und die Offenheit.

Die beiden kamen ab diesem Gespräch super miteinander aus, ja sie wurden fast zu Freunden.

•

Es muss nicht immer gleich alles negativ sein, nicht immer gleich alles schlecht.

Oft liegt es an der Kommunikation, die die Menschen sich in ihrem Schubladendenken und in ihrer sturen Beurteilung zu Unstimmigkeiten veranlassen.

> Um klar zu sehen, reicht oft ein Wechsel der Blickrichtung.
>
> *Antoine de Saint-Exupéry*

Wie motivierst du dich nun selbst.

Erst mal, und so denke ich, geht es darum, dass wir uns viel zu viel vornehmen. Statt uns auf eine Sache zu fixieren nehmen wir uns drei Dinge gleichzeitig vor.

Meist jedoch sind unsere Vorhaben von einer Oberflächlichkeit und einer Spontanität geprägt. Und dann, wenn wir uns entscheiden sollten anzufangen, verschieben wir es wieder. Natürlich auf morgen ;-)

Doch wie ändern wir diese Aufschieberei, diesen fehlenden Mut es anzupacken?

Zuerst mache ich mir über meine Fähigkeiten oder auch meine Fertigkeiten Gedanken. Was kann ich besonders gut, worin liegt meine Intelligenz?

Also:

Finde zuerst heraus, was dir besonders Spaß macht, was du besonders gut kannst, was geht dir sozusagen leicht von der Hand. Finde es heraus und beschränke dich vor allem auf dieses Geschick, auf diese Fähigkeit, auf dieses Können.

Es bringt doch absolut nichts, wenn du dich mit Dingen, Themen oder Aufgaben beschäftigst, die dir überhaupt nicht liegen, die du einfach nicht magst.

Also finde heraus, was dich motiviert.

Stelle dir dein Ziel, dein Vorhaben bildlich vor, in allen Facetten und bunten Farben, male es dir buchstäblich vor deinen Augen aus.

Jetzt schreibe dir auf, was diese Aufgabe, Arbeit, Vorhaben oder Thema alles für Vorteile bringen, welchen weiterführenden Nutzen du daraus hast. Auch schreibe dir auf, wenn du das alles nicht tun würdest, welche Versäumnisse, Nachteile du dadurch hättest.

Ich nenne es die „Plus / Minus –List"*.

(* Liste auf der nächsten Seite)

So eine Liste lohnt sich immer wenn man nicht mehr weiter weiß oder in seinen Entscheidungen hängen bleibt.

Manchmal treffen Gefühle, Vernunft und Verstand aufeinander. Und dann ist man dermaßen verwirrt, dass man nicht mehr weiß, was nun richtig wäre oder falsch, oder welche Entscheidung man treffen soll.

In diesem Fall hilft nur Papier und Bleistift, da alles was man nieder schreibt, einem hilft.

So auch die Plus - Minus - Liste für deine Entscheidungsfindung.

Plus - Minus - Liste

Thema/Vorhaben: ……………………………………..

Plus / Vorteile	Minus /Nachteile

Addiere nun die einzelnen Spalten zusammen.

Du wirst sofort erkennen, was es dir bringt oder ob du es lassen solltest.

Diese Liste ist oft sehr hilfreich um eine Entscheidung zu untermauern.

Diese Liste lässt sich selten im Kopf erstellen. Da Geschriebenes nochmals überdacht werden kann und alle Punkte zu lesen sind.

Wenn du ein eindeutiges Ergebnis, egal auf welcher Seite/Spalte hast, dann nehme es in Angriff (bei Plus) oder lasse die Finger davon (bei Minus).

Sei aber realistisch und versuche ein Gleichgewicht deiner Gefühle aus Kopf und Herz zusammenzustellen. Das ist zwar nicht unbedingt leicht, jedoch kommst du somit der Wahrheit am nächsten.

Wenn du dich für ein Vorhaben entschieden hast, dann solltest du auch in deiner Vorstellung es ausführlich durchgehen. Stelle dir alle Situationen vor, die dich weiterbringen, die dir eine Anerkennung, einen Erfolg bescheren. Versuche es in Bilder zu packen, lasse diese Bilder lebendig werden (man kann sagen, träume davon).

Denn Träume oder Illusionen sind der Vorreiter von etwas Neuem, etwas Großem.

Ohne diese Illusionen wären keine großen Erfindungen geschehen, keine großen Taten je begangen worden.

Denke an Albert Einstein, an Carl Benz und Gottlieb Daimler, oder an Leonardo da Vinci.

Stell dir nun vor, du wärst erfolgreich voller Anerkennung und hättest jede Menge Motivation in dir, du wärst glücklich.

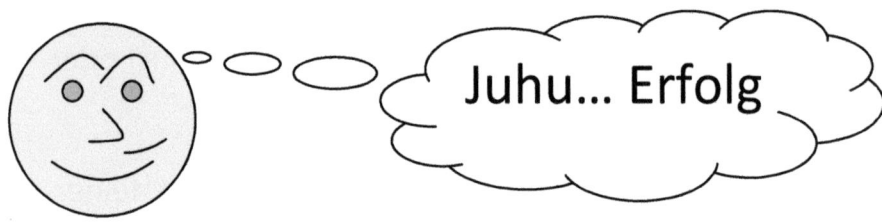

Und nun stell dir vor, du hättest das Alles nicht, keine Freude und Freunde, keine Anerkennung, kein Lob, kein Geld, kein Job, kein Erfolg!

Ich möchte dir nur mal aufzeigen, dass es sich allemal lohnt sich zu bemühen, sich Gedanken zu machen und sich etwas zusammenzunehmen und einen neuen Weg zu gehen, den, der Spaß und glücklich macht.

Dieser Vergleich soll dir auch verständlich machen, dass du, wenn du ein Ziel verfolgst, aus deinem innerlichen Antrieb heraus und kontinuierlich mit Motivation erreichst.

- Motivation ist ansteckend

- Motivation ist übertragbar

- Motivation ist ein Lebensgefühl

So wie alles bei uns Menschen fängt alles im Kopf an. In ihm entstehen unsere Gedanken, unsere Vorhaben und unsere Ziele. Ziele sollten aber nicht ergebnisorientiert behandelt werden, sondern prozessorientiert.

Prozessorientiert heißt, organisiert in Strukturen vorzugehen, Punkt für Punkt und mit allen Zusammen-hängen in eine Richtung lenkend vorzugehen.

Doch unser größter Wiedersacher ist unser Unterbewusstsein. Dies, in seiner unendlichen Speicherkapazität, hat so viele Erinnerungen gespeichert, auch jene negativen, die uns immer wieder den Mut und die Energie für etwas vermiesen, mit den Gedanken:

„das schaffst du sowieso nicht, lass es lieber, das kannst du nicht", usw.

All diese, möchte ich mal ganz salopp „Miesmacher" nennen. Sie erinnern uns ständig, dass wir ja doch vielleicht versagen könnten, es nicht schaffen.

Eigentlich wird unser Antrieb, unsere Motivation, unsere Zuversicht, durch uns selbst gehemmt.

Bekämpfe diese durch Zuversicht und Optimismus und den Glaube an dich selbst.

Und merke dir den Spruch:

Drei Dinge braucht der Mensch um Glücklich zu sein.

- **Liebe**
- **Anerkennung**
- **Erfolg**

Aber das erreichst du nur, wenn du es schaffst dich zu motivieren, dich zu interessieren, dich selbst zu begeistern.

Dein deine Motivation ist der Grundstein für deine Liebe, deine Anerkennung und deinen Erfolg.

Aber achte auf dich. Überfordere dich nicht und setze deine Messlatte nicht zu hoch an.

Gehe mit Ruhe und Besonnenheit vor.

Montiere deinen Rückspiegel ab (nicht den von deinem Auto oder Moped). Verdränge deine negativen Gedanken, Erinnerungen aus Erlebnissen und Erfahrungen aus deinem Kopf.

Denn: Was war, ist längst vorbei und jeder Tag verdient es Neues zu schaffen und wieder einen neuen Anlauf zu nehmen. Was geschehen ist können wir nicht mehr ändern. Aber was morgen oder übermorgen oder auch in der Zukunft sein soll, das können wir beeinflussen.

Konzentriere dich auf morgen, deine Zukunft. Denn in ihr wirst du leben und agieren und nicht in deiner Vergangenheit.

Es ist doch auch ein wunderbarer und schöner Gedanke etwas Neues zu machen, etwas Neues zu erleben und etwas Neues zu bewirken.

Zukunft heißt auch Dinge und Situationen neu zu empfinden, in einem neuen Licht zu sehen und auch zu tun, wie man es vorher noch nie kannte und auch getan hat.

Wenn die Begeisterung in dir wieder wächst, verschwinden auch all diese negativen Gedanken.

Denke in Bildern, stelle dir dein Tag schon morgens vor, freue dich auf das was kommt, denn du wirst es schaffen.

Terminiere deine Vorhaben, teile sie auf in händelbare Einzelteile. Terminiere und plane sie im Detail. Setze dir Prioritäten, was zuerst, was hat Vorrang.

Aber nun zur Liebe.

Motivation ist auch ein Beweggrund um deine Partnerschaft am Laufen zu halten. Sie ist auch ein Garant für ein dauerhaftes und glückliches Verhältnis und Zusammenleben. Denn auch Einsicht, Geduld und Ausdauer gehören dazu, um jegliche Beziehungen aufrecht zu halten.

Verständnis haben bringt auch oft neue Erkenntnisse und vor allem neue Sichtweisen. Diese lösen oft Probleme, die man bisher im falschen oder einseitigen Denken behandelte.

Jeder, der sich die Fähigkeit erhält, Schönes zu erkennen,
wird nie alt werden.

Franz Kafka

Man kann auch eine Tätigkeit lieben.

Auch einen Job kann man lieben.

- Liebe entsteht auch durch Begeisterung
- Liebe entsteht durch Erfahrung
- Liebe entsteht durch Hingabe
- Liebe entsteht durch Gefühl.

Du siehst, alles Punkte die motivieren. Und aus diesen Motivationen entsteht neues Großes, Bewegendes.

Zur Anerkennung

Die Anerkennung ist ein erhebendes und vorantreibendes Gefühl, das uns erkennen lässt, dass wir unsere Sache richtig machen, dass wir auf dem richtigen Weg sind. Die Anerkennung spornt uns an, weiter zu machen, sie ist der Antrieb, um über den sogenannten Tellerrand hinaus zu blicken.

Anerkennung ist auch die Bereitschaft, mehr zu tun, zu leisten, sich weiter zu bemühen und sich zu steigern.

Anerkennung ist der Baustein, um weiter zu machen, um dem Erfolg näher zu kommen.

Ob du eine Anerkennung nun schriftlich, mündlich oder nur auch nonverbal bekommst, spielt keine Rolle. Sie zu bekommen, ist es!

Vergesse aber nicht: nur wer gibt, bekommt auch.

Der Erfolg

Der Erfolg ist das Ziel das wir erreichen. Eine Belohnung für all unsere Bemühungen und Opfer, die wir dafür gebracht haben.

- Ein Glücksgefühl mir großer Freude
- Eine Selbstbestätigung
- Eine Stärkung unseres Selbstbewusstseins.

Erfolg macht uns stark und noch stärker.

Erfolg sollte man genießen und auch feiern.

Erfolg sollte aber kein Ruhekissen werden, sondern der Ansporn weiter zu machen. Er sollte der Anfang einer Strecke sein, die uns mehr und mehr Kraft verleiht, die uns beflügelt weiter zu gehen.

Was kann ich morgen ein bisschen besser machen als gestern.

Erfolg sollte nicht vernebeln, er sollte uns nicht Flügel verleihen um abzuheben.

Auch möchte ich noch auf die anfangs beschriebenen Illusionen, Visionen und auf die Träume eingehen.

Illusionen:

Es heißt zwar übersetzt, dass Illusion eine falsche Wahrnehmung sei, jedoch entsteht etwas Neues nur dann, wenn aus einer lebhaften Fantasie Bruchteile zusammengesetzt, geordnet und verbunden werden.

Zuerst sind es Illusionen, dann entstehen daraus Visionen.

Visionen:

Eine Vision ist doch nichts anderes wie ein inneres Bild einer Vorstellung. Ohne diese Vorstellungen, ohne diese Bilder könnte doch nichts Neues entstehen.

Träume:

In unseren Träumen spielen sich Aktivitäten und Vorstellungen ab, die sehr lebhaft und erlebnisreich sind.

Auch wenn wir noch nicht schlafen, träumen wir so gerne vor uns hin. Wir malen uns aus wie alles sein könnte, (bildhaft) was wir erreichen würden wenn wir es durchziehen, wenn wir es einfach tun.

Enthusiasmus:

Enthusiasmus beinhaltet Erfolg. Enthusiasmus selbst ist auch Fortschritt. Enthusiasmus hat die Fähigkeit, tief in unserem inneren Wesen Feuer zu fangen. Enthusiasmus ist der göttliche Funke in uns, um sich dem Stolz der Unwissenheit, um uns zu stellen.

Phantasie ist wichtiger als Wissen, denn Wissen ist begrenzt.

Albert Einstein

Enthusiasmus steckt an und überzeugt.

Wenn du das, was du zu sagen hast, mit Begeisterung und Einsatz vorbringst, wird der sogenannte Funke überspringen und du wirst deine Zuhörer in deinen Bann ziehen.

Ja, dein Enthusiasmus wird deine Gesprächspartner anstecken, du wirst erfolgreich werden und offene Ohren finden.

Worte sind Macht – Worte, richtig gesprochen und gewählt, verändern die Welt.

Nachfolgend habe ich dir noch mein

„3-Säulen-Programm"

zur Verfügung gestellt.

In diesem beschreibe ich, wie man in drei

Schritten, Säule für Säule,

zum Erfolg gelangt.

Wenn du jede Säule Schritt für Schritt

begehst, abarbeitest und ausarbeitest,

dann kommst du deinem Ziel,

deinem Vorhaben,

effektiv und erfolgversprechend

näher.

Ihr

Rolf Buck

Die drei Säulen des Erfolgs

Rolf Buck

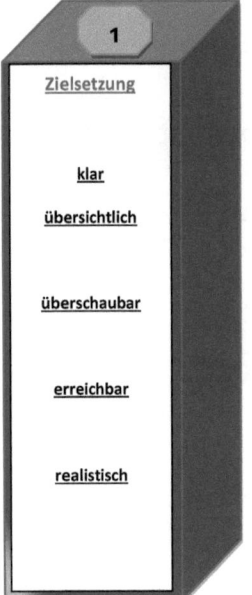

1

Zielsetzung

klar

übersichtlich

überschaubar

erreichbar

realistisch

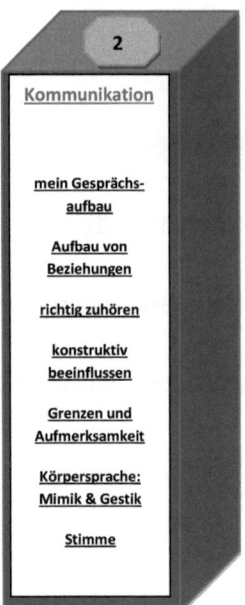

2

Kommunikation

mein Gesprächs-
aufbau

Aufbau von
Beziehungen

richtig zuhören

konstruktiv
beeinflussen

Grenzen und
Aufmerksamkeit

Körpersprache;
Mimik & Gestik

Stimme

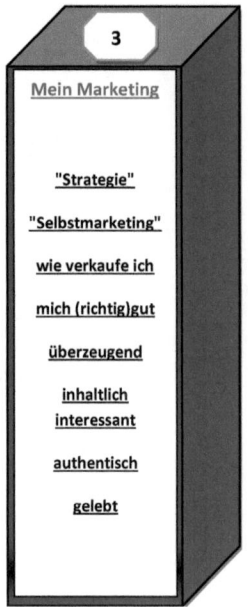

3

Mein Marketing

"Strategie"

"Selbstmarketing"

wie verkaufe ich

mich (richtig)gut

überzeugend

inhaltlich
interessant

authentisch

gelebt

Ach ja und zum Schluss noch was zu dem Wort Glück.

Ich höre so oft, mich hat das Glück verlassen, ich habe sowieso nie Glück.

Ich kann dazu nur eines sagen:

„ Du selbst bist das Glück"

„Du selbst bestimmst dein Glück"

Glück hängt nicht davon ab,

wer Du bist oder was Du hast;

es hängt nur davon ab, was Du denkst und was Du tust.

Dale Carnegie

Nachfolgend hast du ein paar Seiten der Plusminus-Listen und auch Seiten für deine Gedanken zum Aufschreiben.

Nütze diese, denn es ist sehr hilfreich!

Plus - Minus - Liste

Thema/Vorhaben:...

Plus	Minus

Plus - Minus - Liste

Thema/Vorhaben:...

Plus	Minus

Plus - Minus - Liste

Thema/Vorhaben:...

Plus	Minus

Für deine Notizen und Gedanken

Für deine Notizen und Gedanken

Für deine Notizen und Gedanken

Für deine Notizen und Gedanken

Für deinen Erfolg empfehle ich dir auch meine Bücher

„ Persönlichkeitsprofil „

„ Kommunikation „

„ Richtig bewerben „

„ Aufgeben ist die einfachste Art sich

aus der Verantwortung zu ziehen"

Rolf Buck